Bavoirs

19 modèles originaux

éditions carpentier

Nadine Burkarth Bergerat

Sommaire

Conçu et produit par :
Éditions Carpentier
22 rue d'Aumale 75009 Paris
www.editions-carpentier.fr
editions@editions-carpentier.fr
tél. 01 48 78 00 72
fax. 01 48 78 86 25

Direction éditoriale : Alexis Faja
Coordination éditoriale : Evelyne Nobre
Photos : Didier Bizet

ISBN : 979-10-305-0014-1
Dépôt légal : décembre 2015

Imprimé en Italie - novembre 2015

Introduction

Des bavoirs qui ne sont pas faits que pour manger… Mais des bavoirs ludiques, chics, rigolos, poétiques…

Pour votre bébé ou pour offrir, ce sera un plaisir pour vous de coudre ces bavoirs originaux, faciles et rapides à réaliser.

Vous avez le choix entre des bavoirs pour les bébés et pour les plus grands, pour toutes les occasions : les sorties pique-nique, les repas de fêtes, les anniversaires…

Et, pour tous les jours, jouer en mangeant.

N'hésitez pas à les customiser, à les adapter en les agrandissant, à broder ou dessiner au feutre textile le prénom du bébé. Variez les couleurs, les matières, utilisez des toiles enduites faciles à laver…

Et surtout, amusez-vous !

Remerciements

Merci à ma famille, mon mari et mes enfants pour leur soutien et leur aide.

Merci à mes amies : Isabelle pour m'avoir donné l'idée de tenter l'expérience d'un livre, et Rosine Marie-Hélène pour ses judicieux conseils de professionnelle.

Merci à Dashwood Studio pour la fourniture de tissus utilisés pour certains bavoirs. Il y a tant de jolis tissus pour bébés et enfants qu'il m'a été très difficile de faire un choix dans leur catalogue.

Merci aux Éditions Carpentier de m'avoir fait confiance pour ce premier ouvrage.

matériel DE BASE

Paire de ciseaux

Épingles

Mètre de couturière

Aiguille à coudre et des fils assortis aux tissus et aux biais choisis

Nécessaire de repassage

Papier à patron ou papier calque

Roulette dentelée

Machine à coudre

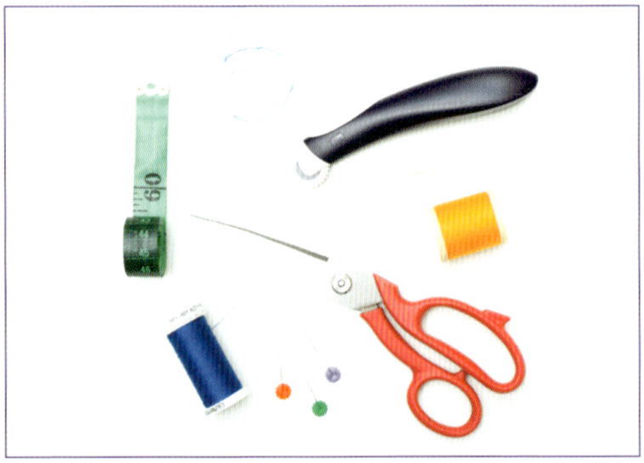

techniques DE BASE

REPORT DES PATRONS

Les patrons présents dans cet ouvrage sont tous à échelle ½. Photocopiez-les en agrandissant à 200 %.

Reportez les patrons soit sur du papier calque soit sur du papier à patron.

Lorsque vous devez utiliser un patron en demi-corps, pliez votre tissu en deux, endroit contre endroit, épinglez le patron sur le tissu et coupez les deux épaisseurs en même temps.

CRANTER

Il s'agit d'inciser le tissu près d'une couture en arrondi (convexe ou concave) pour que l'ouvrage, une fois retourné, ne présente pas d'irrégularité.

A – Si la forme est concave, faites des fentes dans l'arrondi, à 2 mm de la couture.

B – Si la forme est convexe, retirez des petits triangles de tissu autour de l'arrondi, à 2 mm de la couture.

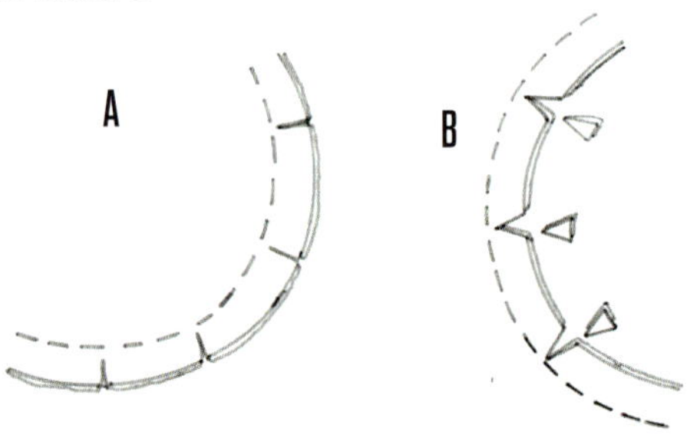

ÉPOINTER

A – Pour une pointe, enlevez du volume de tissu en trois petits morceaux à 2 mm de la couture.

B – Pour un angle droit, coupez en diagonale près de la couture.

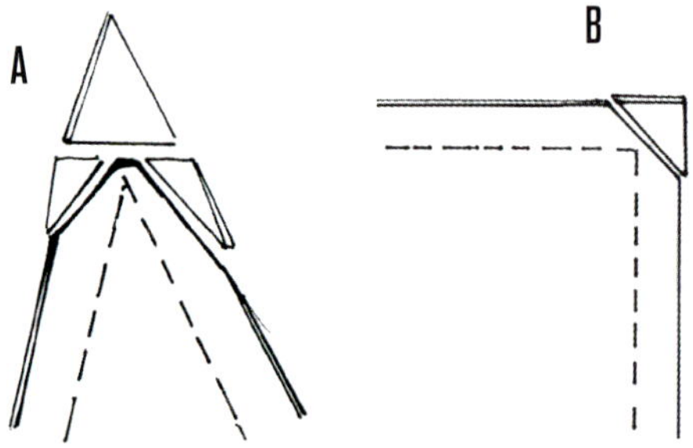

FERMETURES DES BAVOIRS

La pose d'un biais autour de l'encolure

Posé autour de l'encolure, le biais se prolonge pour former deux liens à nouer à l'arrière.

Dépliez le biais.

Repérez le milieu de la longueur du biais et le milieu de l'encolure avec deux épingles.

Superposez en plaçant, bord à bord, l'endroit du biais déplié contre l'endroit du bavoir.

Épinglez le biais tout autour de l'encolure en positionnant les tissus du biais et du bavoir bord à bord.

Pour plus de facilité, vous pouvez bâtir dans la pliure du biais tout autour de l'encolure.

Faites une piqûre dans le pli du biais en suivant le bâti.

Si les épaisseurs cousues avec le biais sont importantes, le pli du biais, une fois rabattu, ne se positionne pas exactement sur la couture ; pour pallier ce problème, retirer un peu de matière (1 à 2 mm au bord de l'encolure) afin que le biais se rabatte naturellement sur son pli d'origine.

Retournez l'ouvrage.

À l'arrière du bavoir, commencez par rabattre le biais autour de l'encolure en l'épinglant, puis sur toute sa longueur y compris aux deux extrémités.

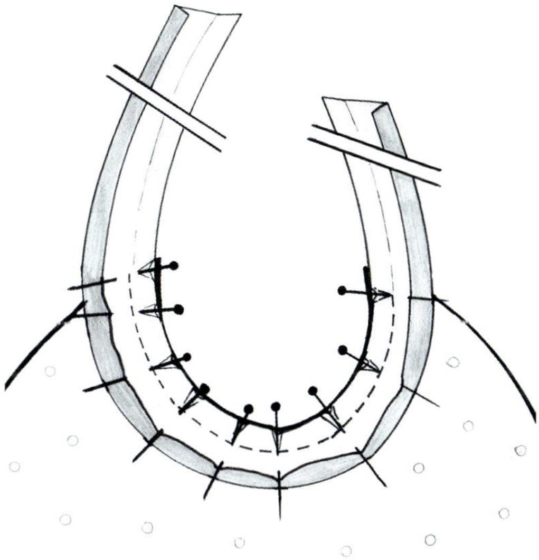

Faites des points à la main aussi discrets que possible ou bien faites une piqûre à la machine à 2 mm du bord du biais sur toute sa longueur.

Les pattes de boutonnage

À adapter au cou de bébé, elles peuvent être fixées par :

• des boutons-pressions, plastiques ou métalliques, cousus ou posés sous pression.

• 2 à 3 cm de ruban auto-agrippant cousu avec un point zigzag à la machine sur ses deux faces. Le côté crochetant du ruban auto-agrippant est posé sur le côté éponge du bavoir de telle sorte qu'à l'usage et au lavage il n'accrochera pas les fils du tissu. De plus, le ruban auto-agrippant étant rigide, coupez les angles de façon à éviter de griffer bébé.

Pour un bavoir évolutif, placez plusieurs boutons-pressions ou un ruban auto-agrippant plus long.

La pose de liens de chaque côté de l'encolure

De part et d'autre de l'encolure, pris en sandwich entre les deux faces du bavoir, les liens se nouent à l'arrière du bavoir. Ils peuvent être au choix :

- des biais refermés et cousus sur la longueur,
- des rubans,
- des bandes de tissus repliées et cousues : pour réaliser des bandes, découpez deux bandes de 6 × 40 cm. Pliez les bandes en deux dans le sens de la longueur, endroit contre endroit. Cousez-les à 5 mm du bord sur la longueur et sur une des extrémités. Coupez les angles au ras de la couture de l'extrémité. Retournez-les sur l'endroit et repassez.

A – Sur le devant du bavoir, positionnez l'extrémité non fermée des deux liens orientés vers l'intérieur, de part et d'autre de l'encolure à 7 mm du bord de l'encolure. Cousez les liens à 5 mm du bord.

B – Placez l'endroit du bavoir contre l'endroit de sa doublure en laissant à l'intérieur les deux liens. Faites une piqûre à 7 mm du bord. Crantez l'arrondi et coupez les angles de l'encolure.

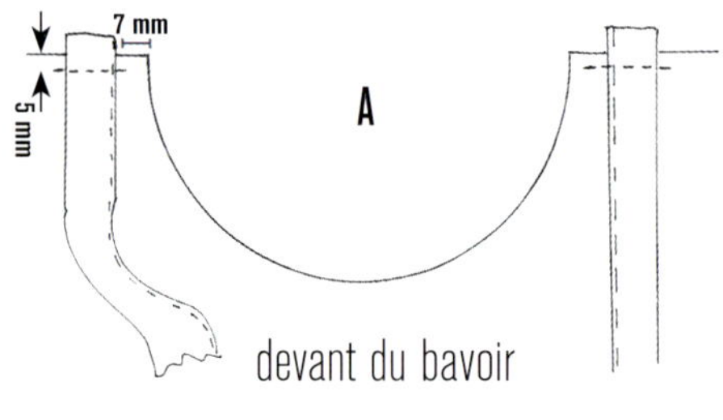

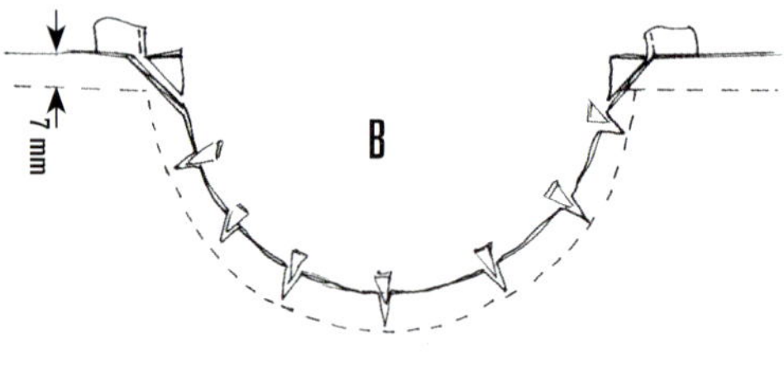

LES BRODERIES

Réalisez-les à la main ou à la machine, en fonction de vos goûts, du temps et des possibilités de réglage de votre machine à coudre.

Broderie à la main

point de tige

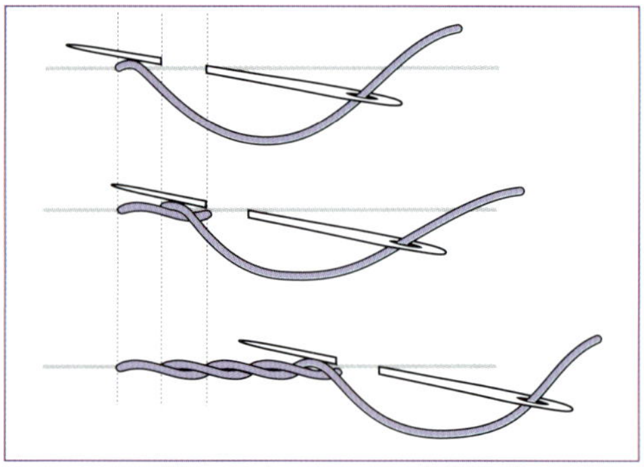

point de feston

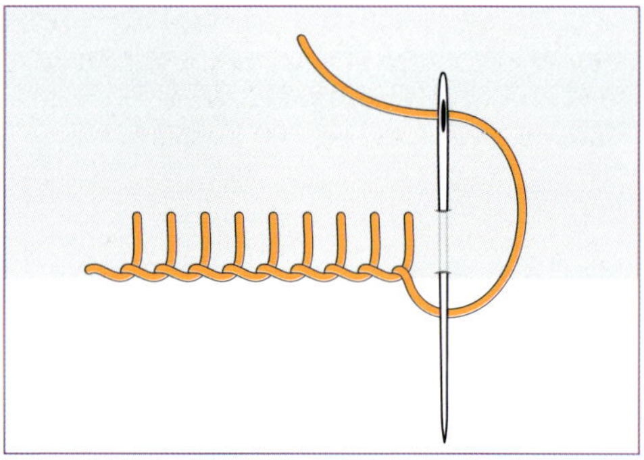

Broderie machine

point de bourdon, point zigzag

À la machine, un stabilisateur de surface non-tissé autocollant et hydrosoluble est recommandé pour les surfaces non lisses telles que l'éponge. D'une part, la broderie sera plus régulière et d'autre part, le stabilisateur étant transparent, il pourra servir de calque pour relever les schémas de broderies et des zones d'appliqués. Le film se dissout sous un filet d'eau froide.

LES APPLIQUÉS DE TISSUS

Deux techniques, facultatives, sont préconisées pour une finition de qualité optimale :

Application du film thermocollant double face

Découpez le film un peu plus grand que le motif. Positionnez le côté rugueux du film thermocollant sur l'envers du tissu à appliquer puis repassez à fer sec (réglage moyen) en appuyant 5 secondes.

Découpez précisément le motif et enlevez le papier du dos du film. Positionnez la face enduite à l'endroit choisi.

Recouvrez d'une pattemouille et repassez en effectuant de légères pressions au fer (réglages moyen puis fort) de 10 secondes chacune.

Laissez les pièces à plat environ 20 minutes après thermocollage.

Il est préférable de faire une couture en périphérie du tissu appliqué, soit à la machine (point droit, bourdon ou zigzag), soit à la main (bourdon, point de feston ou tout autre de votre choix). Le lavage peut se faire jusqu'à 60 °C.

Application avec non-tissé autocollant soluble à l'eau froide

Le non-tissé autocollant hydrosoluble est recommandé pour la broderie.

On brode à la machine, directement sur le non-tissé collé sur le tissu et les applications qui sont ainsi maintenus et visibles par transparence. Il évite les glissements, les accrochages et les étirements des fils en particulier sur l'éponge. Le bavoir fini, le film se dissout sous un filet d'eau.

CONFECTION DES LINGETTES

Les lingettes sont attachées au bavoir par des liens :

- un biais,
- une bande de tissu pliée et cousue sur la longueur,
- un croquet.

Découpez les formes des lingettes en ajoutant 7 mm tout autour pour les coutures.

Positionnez les deux pièces de tissu endroit contre endroit en insérant une extrémité du lien entre les deux pièces et en le centrant. La partie visible du lien passe par l'intérieur de l'ouvrage.

Piquez à 7 mm du bord en laissant une ouverture. Renforcez la couture du lien au besoin. Le lien est fixé d'un seul côté pour l'instant. L'ouverture servira à retourner sur l'endroit et à laisser passer l'autre extrémité du lien.

Crantez et/ou coupez les angles.

Retournez sur l'endroit en tirant sur le lien. Repassez.

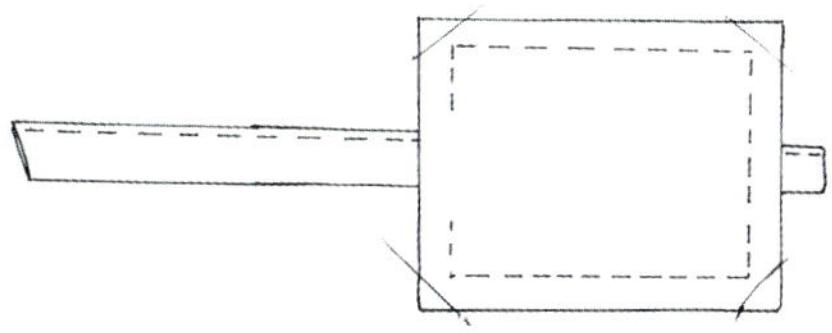

Pour refermer, faites quelques points à la main ou mieux, une couture machine à 2 mm sur tout le tour de la lingette.

Pour les bébés et les enfants, il est important de s'assurer que les petites pièces de tissus ou les objets de mercerie (boutons et autres rubans…) ne peuvent pas s'arracher :

- Doublez les coutures pour assembler les petites pièces de tissus.
- Vérifiez la bonne fixation des boutons-pressions et du ruban auto-agrippant.
- Renforcez la fixation des appliqués avec une couture main ou machine tout autour.

Tout rond

Dimensions : L : 22 cm - H : 20,5 cm

Fournitures :

25 × 25 cm de coton imprimé (devant)
25 × 25 cm de coton coordonné (doublure)
75 cm de biais

Patron :

A Corps : 2 fois (une fois dans chaque tissu)

Réalisation

Reportez le patron sur les tissus. Découpez-les en ajoutant 7 mm tout autour pour les coutures sauf au niveau de l'encolure.

Épinglez les deux faces du bavoir endroit contre endroit. Piquez à la machine les deux pièces à 7 mm du bord en laissant l'ouverture au niveau du cou.

Crantez l'arrondi. Retournez le bavoir et repassez-le.

Posez le biais autour de l'encolure en guise de lien (voir technique en page 5).

ainy day
rain go away com
another day. It's raining cats

Poissons

Dimensions: L: 22 cm - H: 20,5 cm

Fournitures du poisson bleu :

25 × 25 cm de coton à pois (devant)
25 × 25 cm de tissu éponge (doublure)
30 × 10 cm de coton rayé (nageoire et queue)
Chute de tissu (œil)
75 cm de biais
Fil au choix pour la broderie
Film thermocollant ou non-tissé soluble

Patrons :

A Corps : 2 fois (1 fois dans l'éponge et 1 fois dans le coton)
B Œil : 1 fois dans la chute de tissu
C Nageoire : 2 fois dans le coton rayé
D Queue : 2 fois dans le coton rayé

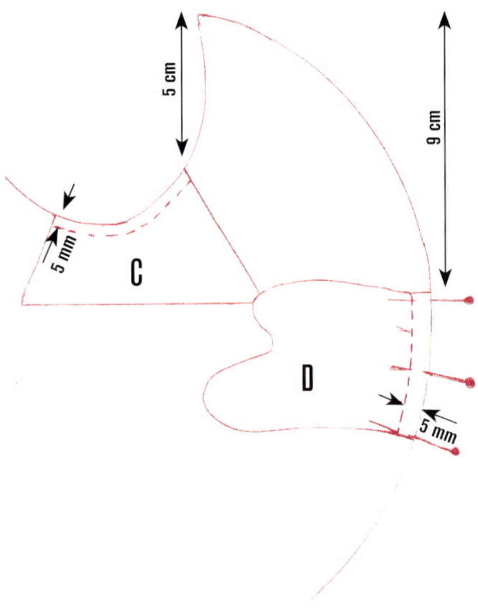

Réalisation du poisson bleu

Reportez le patron du corps **A** sur les deux tissus. Découpez-les en ajoutant 7 mm tout autour pour les coutures sauf au niveau de l'encolure.

Pliez le coton rayé en deux, endroit contre endroit. Épinglez le patron de la nageoire **C** et de la queue **D** (attention au sens des rayures), marquez et découpez en ajoutant 7 mm tout autour pour les coutures, sauf autour du cou pour la nageoire.

Reportez le patron de l'œil **B** et coupez à bord vif.

Appliquez l'œil sur l'endroit du bavoir. Brodez à la machine au point de bourdon ou au point zigzag très serré, le tour de l'œil et la bouche (voir techniques en pages 6 et 7).

Piquez endroit contre endroit les deux pièces de la queue et de la nageoire à 7 mm des bords sauf sur les côtés qui seront cousus au bavoir. Crantez, retournez sur l'endroit et repassez soigneusement.

Épinglez la queue et la nageoire sur l'endroit du bavoir (voir schéma ci-contre). Bâtissez et piquez à la machine à 5 mm du bord.

Épinglez les deux faces du bavoir endroit contre endroit (la queue restant à l'intérieur) puis piquez à la machine les deux pièces à 7 mm du bord en laissant l'ouverture au niveau de l'encolure. Crantez l'arrondi. Retournez et repassez.

Posez le biais autour du cou en guise de lien (voir technique en page 5).

Bavoir à poche

Dimensions: L 21 cm - H 29 cm

Fournitures :

25 × 35 cm de coton nid d'abeille (devant)
25 × 35 cm de coton beige (doublure)
30 × 25 cm de coton fleuri (poche)
2 chutes de 10 × 10 cm de coton à motifs (devant lingettes)
2 chutes de 10 × 10 cm de tissu éponge ou coton nid d'abeille (doublure lingettes)
1 bouton-pression
30 cm de biais et fils assortis

Patrons :

A Corps : 2 fois (1 fois dans le coton nid d'abeille et 1 fois dans le coton beige)
B Poche : 2 fois dans coton fleuri
C Lingette ronde : 2 fois (1 fois dans la chute de coton à motifs et 1 fois dans le nid d'abeille ou le tissu éponge)
D Lingette rectangulaire : 2 fois (1 fois dans la chute de coton à motifs et 1 fois dans le nid d'abeille ou le tissu éponge)

Réalisation

Reportez les patrons sur les tissus. Découpez-les en ajoutant 7 mm tout autour pour les coutures.

Pour réaliser les liens des lingettes, coupez deux morceaux de biais, l'un de 12 cm et l'autre de 18 cm. Faites une piqûre à 2 mm du bord, le long des biais refermés. Reportez-vous à la technique en page 7 pour la confection des lingettes.

Piquez la poche endroit contre endroit à 7 mm du bord sur la plus grande longueur (ouverture supérieure). Retournez, pliez sur la couture et repassez.

Au bas du bavoir, entre la poche et la face avant du bavoir en nid d'abeille, intercalez les extrémités libres des liens des lingettes. Piquez à 5 mm du bord toutes ces épaisseurs sur le bas du bavoir.

Épinglez les deux faces du bavoir, endroit contre endroit en prenant soin de laisser les lingettes à l'intérieur. Piquez à 7 mm du bord en ménageant une ouverture de 3 à 4 cm sur un côté du bavoir, plus haut que la poche. Vous pouvez surfiler les bords au point zigzag. Crantez les arrondis.

Retournez l'ouvrage sur l'endroit par l'ouverture, repassez et fermez l'ouverture par quelques points invisibles.

Ajoutez un bouton-pression de chaque côté de la patte de boutonnage (voir technique en page 5).

Bavoirs enveloppants

Dimensions à plat : L : 42 cm - H : 29 cm

Fournitures :

45 × 35 cm de coton ou coton enduit (le double pour la version avec doublure)
4 cm de ruban auto-agrippant
ou 2 boutons-pressions

Patron :

A Corps : 1 fois dans le tissu (2 fois pour la version avec doublure)

Réalisation du modèle simple

Reportez le patron **A** sur le tissu plié en deux et découpez-le à bord vif.

Si vous avez une surjeteuse, faites un rouleauté tout autour de la forme sinon un point zigzag très serré. Avec du coton enduit, nul besoin de finition.

Les pattes centrales sont pour le cou et celles des côtés servent au passage des bras.

Les pattes de boutonnage se croisent dans le dos (la patte avant droite se fixe sur la patte arrière gauche et la patte avant gauche se fixe sur la patte arrière droite). Cousez des morceaux de ruban auto-agrippant sur les bretelles (voir technique page 5).

Réalisation du modèle doublé

Le même ouvrage peut être réalisé en double épaisseur, pour cela reportez deux fois le patron **A** sur deux tissus de votre choix.

Ajoutez lors de la découpe 7 mm tout autour du patron.

Assemblez, endroit contre endroit, les deux faces en faisant une couture tout autour à 7 mm du bord sauf sur quelques centimètres au bas de l'ouvrage.

Crantez, retournez et repassez.

Fermez l'ouverture par quelques points discrets.

Posez des boutons-pressions sur les bretelles (voir technique en page 5).

Patrons de la naissance à 3 mois

Tous les patrons sont à échelle ½ - Agrandissez à 200 %

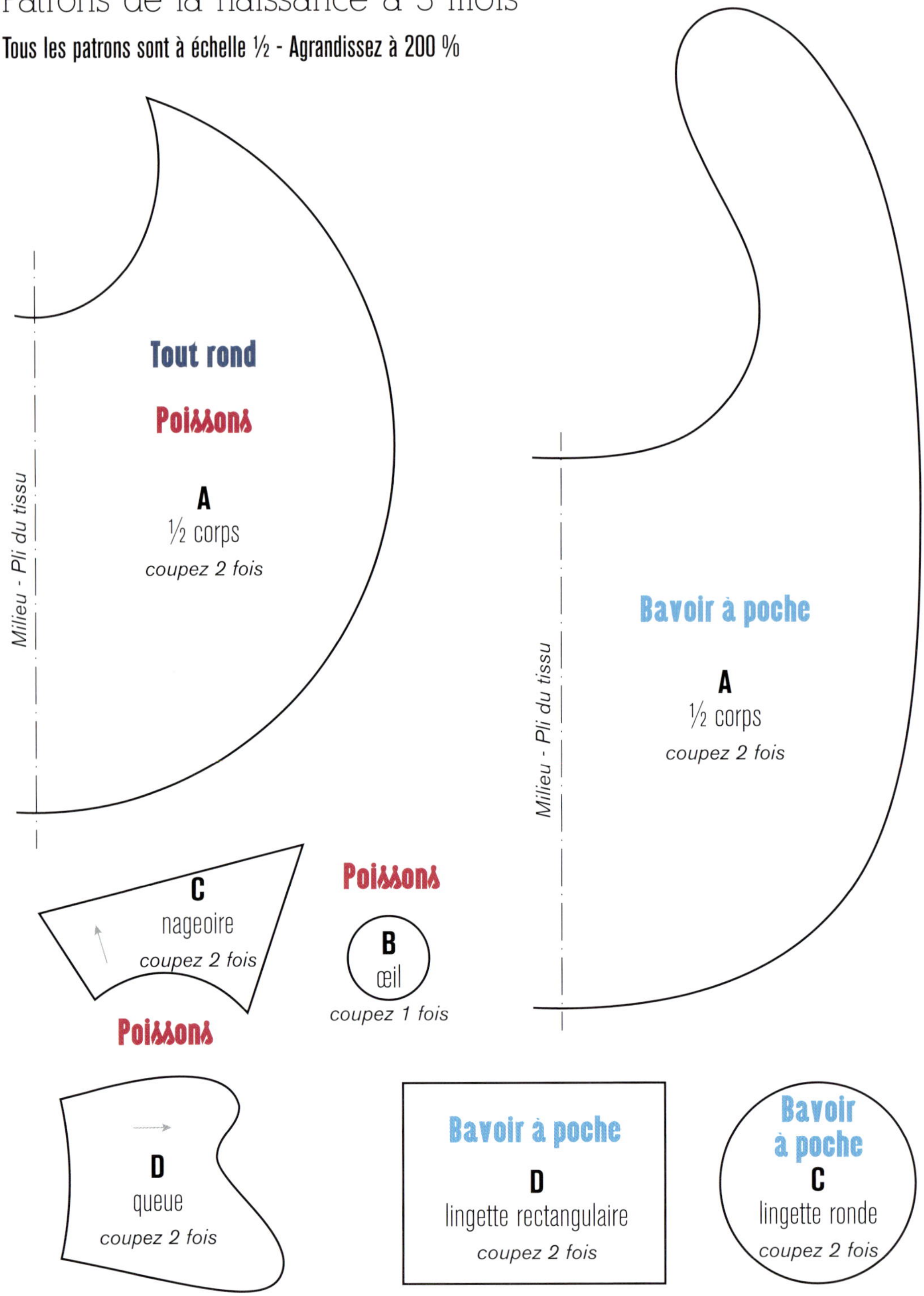

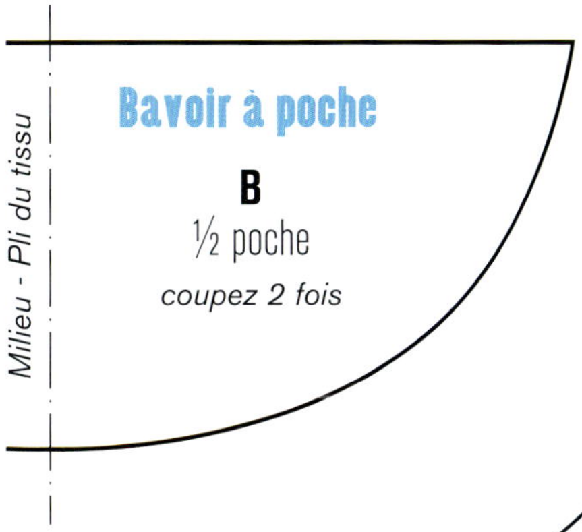
Milieu - Pli du tissu
Bavoir à poche
B
½ poche
coupez 2 fois

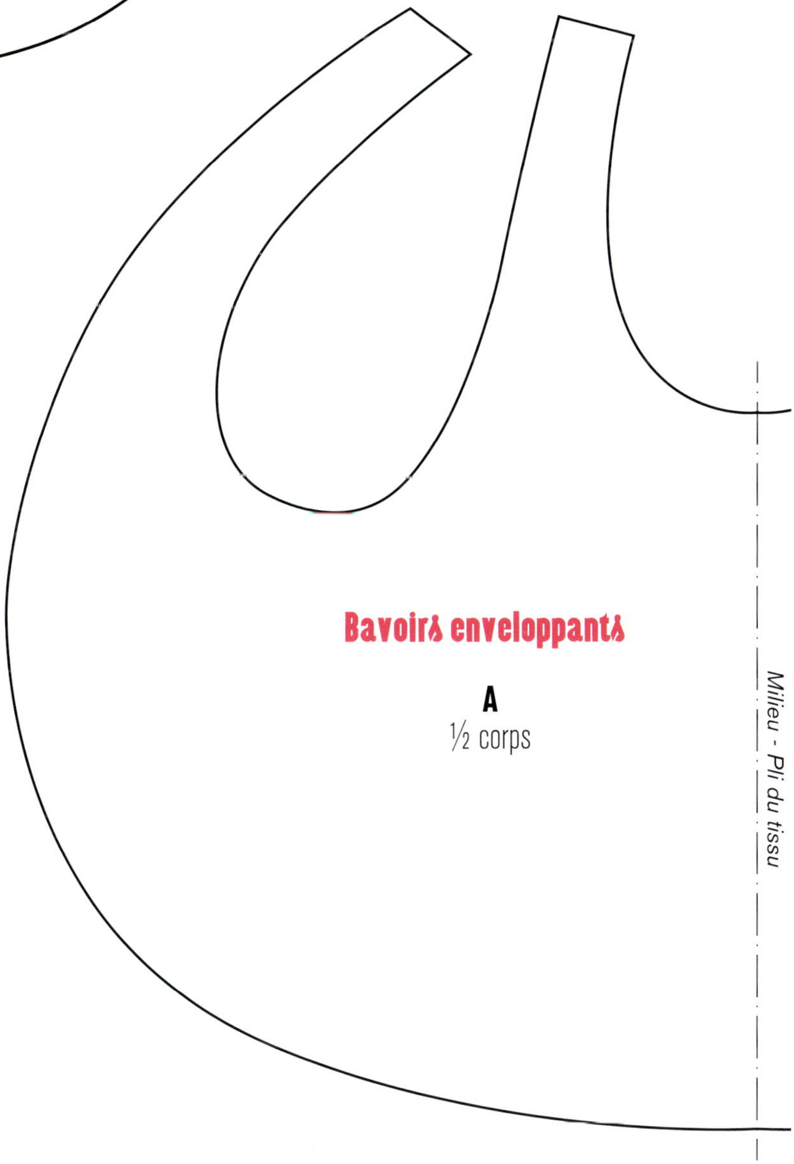
Bavoirs enveloppants
A
½ corps
Milieu - Pli du tissu

Fraise

Dimensions : L 32 cm - H 30 cm

Fournitures :

25 × 25 cm de coton vert (pédoncule)
25 × 20 cm de coton rouge (fraise)
25 × 40 cm de tissu éponge (doublure)
1 bouton-pression
ou 3 cm de ruban auto-agrippant
Fil vert assorti

Patrons :

A Pédoncule : 1 fois dans le tissu vert
B Fraise : 1 fois dans le tissu rouge
C Doublure : 1 fois A + B assemblés

Réalisation

Reportez les patrons **A** sur le tissu vert et **B** sur le tissu rouge puis découpez-les en ajoutant 7 mm tout autour. Sur la partie **B**, marquez à la roulette l'emplacement des pointes de la partie **A**.

Incisez sur 6 mm dans les deux creux du feuillage de la partie **A** pour faire un rentré de 7 mm au niveau des feuilles, à l'aide du fer à repasser. Positionnez les feuilles de la partie **A** sur la partie **B** en suivant le tracé de la roulette. Épinglez et faites une couture machine au point droit ou au point zigzag avec le fil vert assorti.

Découpez la doublure en utilisant le devant du bavoir déjà assemblé comme patron (côté endroit du bavoir sur le côté endroit de la doublure).

Épinglez endroit contre endroit les deux côtés du bavoir et piquez les deux parties à 7 mm du bord en laissant une ouverture de 3 cm de longueur sur un côté. Crantez les arrondis et épointez. Faites éventuellement un point zigzag sur les bords pour éviter que les tissus ne s'effilochent.

Retournez l'ouvrage sur l'endroit par l'ouverture. Repassez. Fermez l'ouverture par quelques points invisibles cousus à la main.

Ajoutez un bouton-pression ou cousez le ruban auto-agrippant (voir technique en page 5).

Petit fantôme

Dimensions: L 24 cm - H 32 cm

Fournitures :

26 × 35 cm de coton (devant)
26 × 35 cm de tissu éponge (doublure)
40 × 10 cm de coton à motifs (mains)
1 bouton-pression
1 écheveau de coton à broder
ou feutre pour textile

Patrons :

A Corps : 2 fois (1 fois dans le coton et 1 fois dans le tissu éponge)
B Mains : 4 fois dans le coton à motifs

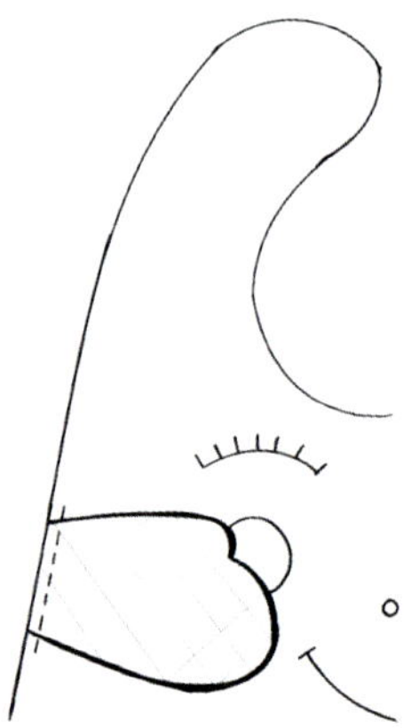

Réalisation

Reportez les patrons sur chaque tissu plié en deux. Découpez-les en ajoutant 7 mm tout autour pour les coutures.

Décalquez ou marquez à la roulette l'emplacement du nez, des yeux et de la bouche sur le devant du bavoir. Marquez la position des mains sur le patron **A**.

Brodez le visage au point de tige avec six brins de coton à broder. Ou bien utilisez un feutre pour textile.

Assemblez chaque main endroit contre endroit par une couture à 7 mm du bord sauf au niveau du poignet. Crantez, retournez sur l'endroit et repassez.

Positionnez les mains sur le devant du bavoir (voir schéma ci-contre) puis piquez-les à la machine à 5 mm du bord au niveau des poignets.

Épinglez le devant et la doublure du bavoir, endroit contre endroit en laissant les mains à l'intérieur. Faites une couture à 7 mm du bord en laissant une ouverture de 3 à 4 cm au bas du bavoir. Surfilez les bords au point zigzag pour éviter que le tissu ne s'effiloche.

Crantez les arrondis. Retournez l'ouvrage sur l'endroit et repassez.

Fermez l'ouverture par quelques points invisibles cousus à la main.

Ajoutez un bouton-pression sur les pattes de boutonnage (voir technique en page 5).

Matriochka

Dimensions: L 22 cm - H 29 cm

Le bavoir est composé de deux parties séparables : le bavoir et son petit tablier rond. Si le tablier est sale ou mouillé, il peut donc être remplacé. Vous pourrez ainsi en faire plusieurs.

Fournitures :

25 × 25 cm de coton à motifs vert (partie supérieure du devant)
25 × 20 cm de coton à motifs rose (partie inférieure du devant)
15 × 15 cm de coton à motifs (devant du tablier rond)
15 × 15 cm de coton uni (doublure du tablier rond)
30 × 35 cm de coton nid d'abeille (doublure)
2 boutons-pressions
25 cm de biais

Patrons :

A Devant, partie haute : 2 fois dans le coton à motifs vert
B Devant, partie basse : 1 fois dans le coton à motifs rose
C Doublure : 2 fois A + B assemblés et pliés en deux

Réalisation

Reportez les patrons **A** et **B** et positionnez-les sur les tissus pliés en deux. Découpez-les en ajoutant 7 mm tout autour. Reportez les repères **a**, **b**, et **c**.

Tracez deux ronds de 12 cm de diamètre sur le coton à motifs et le coton uni. Découpez-les en ajoutant 7 mm tout autour. Cousez les ronds endroit contre endroit, en laissant une ouverture de 3 à 4 cm. Crantez et retournez sur l'endroit. Fermez l'ouverture par quelques points invisibles cousus à la main.

Refermez le biais et faites un rentré à chaque extrémité. Cousez le biais sur toute sa longueur ainsi qu'aux extrémités (à la main avec des points invisibles ou à la machine).

Faites une couture à 7 mm du bord au centre de la partie haute de l'avant pour assembler les deux parties **A** endroit contre endroit. Cousez le biais plié en deux au milieu du bord inférieur de la partie haute du bavoir. Assemblez **A** et **B** endroit contre endroit en alignant les repères **a**, **b**, et **c**. Épinglez, bâtissez puis cousez à 7 mm du bord. Crantez et repassez pour écraser la couture.

Utilisez le devant du bavoir assemblé comme patron **C** pour la doublure du bavoir. Pliez-le en deux dans le sens de la longueur et posez-le sur le tissu de la doublure. Découpez-le en deux morceaux symétriques et en ajoutant 7 mm sur la partie centrale pour la couture du milieu. Placez les deux morceaux endroit contre endroit et faites une couture sur la partie droite en laissant une ouverture de quelques centimètres vers le milieu. Écrasez la couture au fer à repasser.

Épinglez les deux faces du bavoir endroit contre endroit. Piquez à la machine au point droit à 7 mm du bord. Crantez les arrondis. Surfilez les bords au point zigzag. Retournez l'ouvrage sur l'endroit par l'ouverture ménagée dans la doublure. Repassez. Fermez l'ouverture par quelques points invisibles cousus à la main.

Ajoutez un bouton-pression pour la fermeture du bavoir (voir technique en page 5) et un autre pour fixer le tablier sous le cou.

Le chat et la souris

Dimensions: L 20 cm - H 42 cm

Fournitures :

25 × 45 cm de coton rose à motifs (devant)
25 × 45 cm de coton nid d'abeille ou de tissu éponge (doublure)
15 × 30 cm de coton à pois (tête)
10 × 25 cm de tissu éponge vert (souris)
3 cm de ruban auto-agrippant
35 cm de biais vert
Coton à broder

Patrons :

A Corps : 2 fois (1 fois dans le coton à motifs et 1 fois dans le tissu éponge)
B Tête : 2 fois dans le coton à pois
C Souris : 2 fois dans le tissu éponge vert

Reportez les patrons puis découpez-les en ajoutant 7 mm tout autour pour les coutures.

Réalisation du chat

Marquez l'emplacement de la tête sur le corps avec la roulette.

Brodez la tête avec trois brins sur une face du tissu au point de tige. Piquez les deux faces de la tête endroit contre endroit à 7 mm du bord en laissant une ouverture de quelques centimètres au bas. Retournez et repassez. Refermez l'ouverture par quelques points invisibles.

Piquez les deux faces du corps endroit contre endroit à 7 mm du bord en laissant une ouverture de quelques centimètres entre les pattes. Retournez sur l'endroit et repassez. Refermez l'ouverture par quelques points invisibles.

Épinglez la tête sur le corps et faites une couture à quelques millimètres du bord de la tête, du bas d'une oreille à l'autre. Une poche est alors formée.

Piquez un morceau de ruban auto-agrippant au bout de la queue et sur la fesse pour la fermeture.

Réalisation de la souris

Coupez un morceau de biais de 25 cm, fermez-le par une couture tout le long et à une extrémité. Coupez deux petits morceaux de biais de 3 cm et pliez-les en deux pour former les oreilles de la souris.

Positionnez les oreilles de part et d'autre du museau sur une des pièces **C**, pointes vers l'intérieur, cousez-les à 5 mm du bord (faire plusieurs coutures par sécurité). Brodez les yeux de la souris au point de bourdon.

Cousez la queue à l'arrière de la souris sur l'endroit du tissu, le biais orienté vers l'intérieur.

Piquez les deux faces de la souris, endroit contre endroit, à 7 mm du bord en laissant une ouverture sur un côté pour la retourner et laisser sortir l'extrémité de la queue. Faites un point zigzag pour éviter l'effilochage de l'éponge. Épointez, crantez et retournez sur l'endroit. Faites quelques points invisibles pour refermer.

Patrons de 4 à 9 mois

Tous les patrons sont à échelle ½
Agrandissez à 200 %

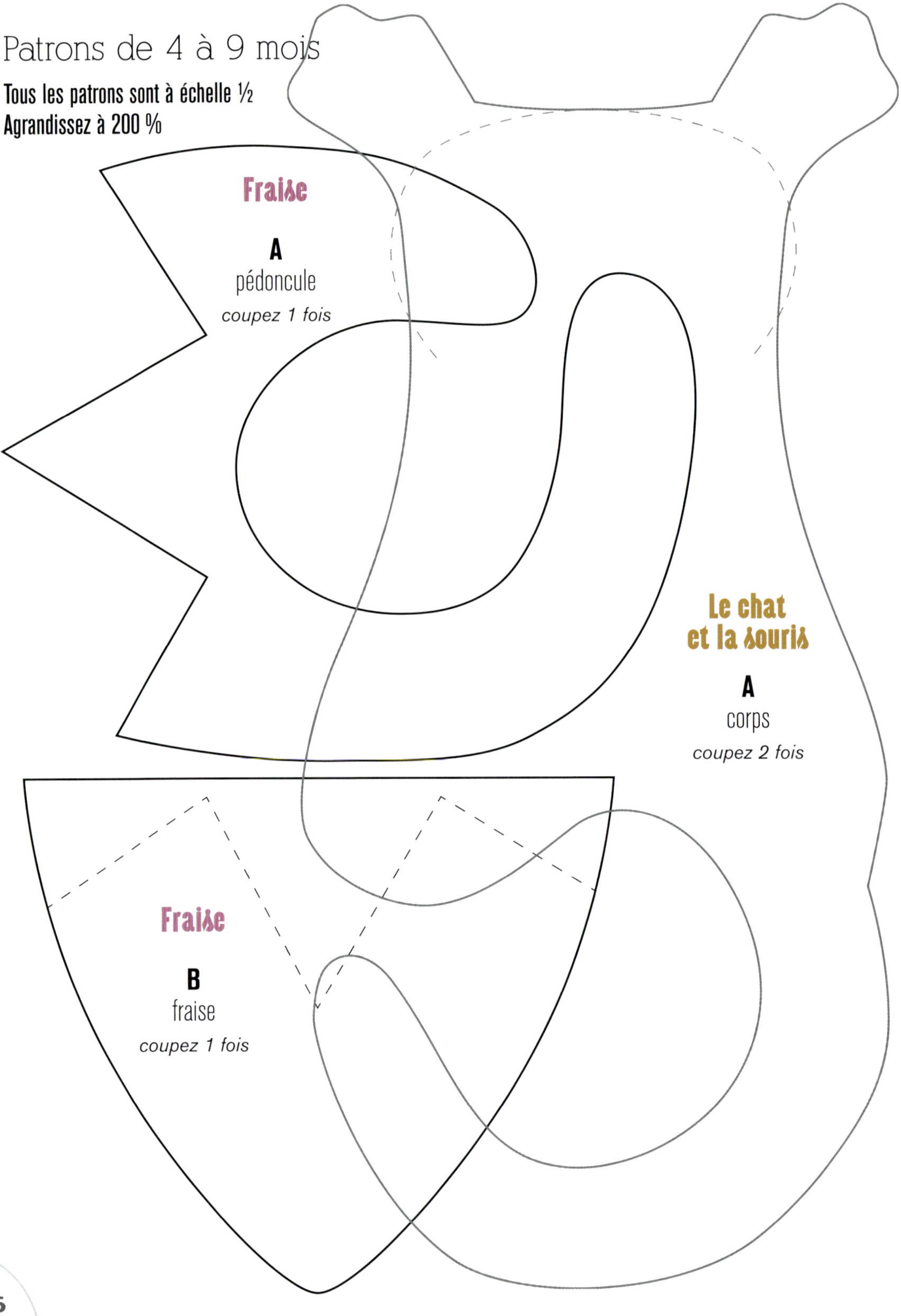

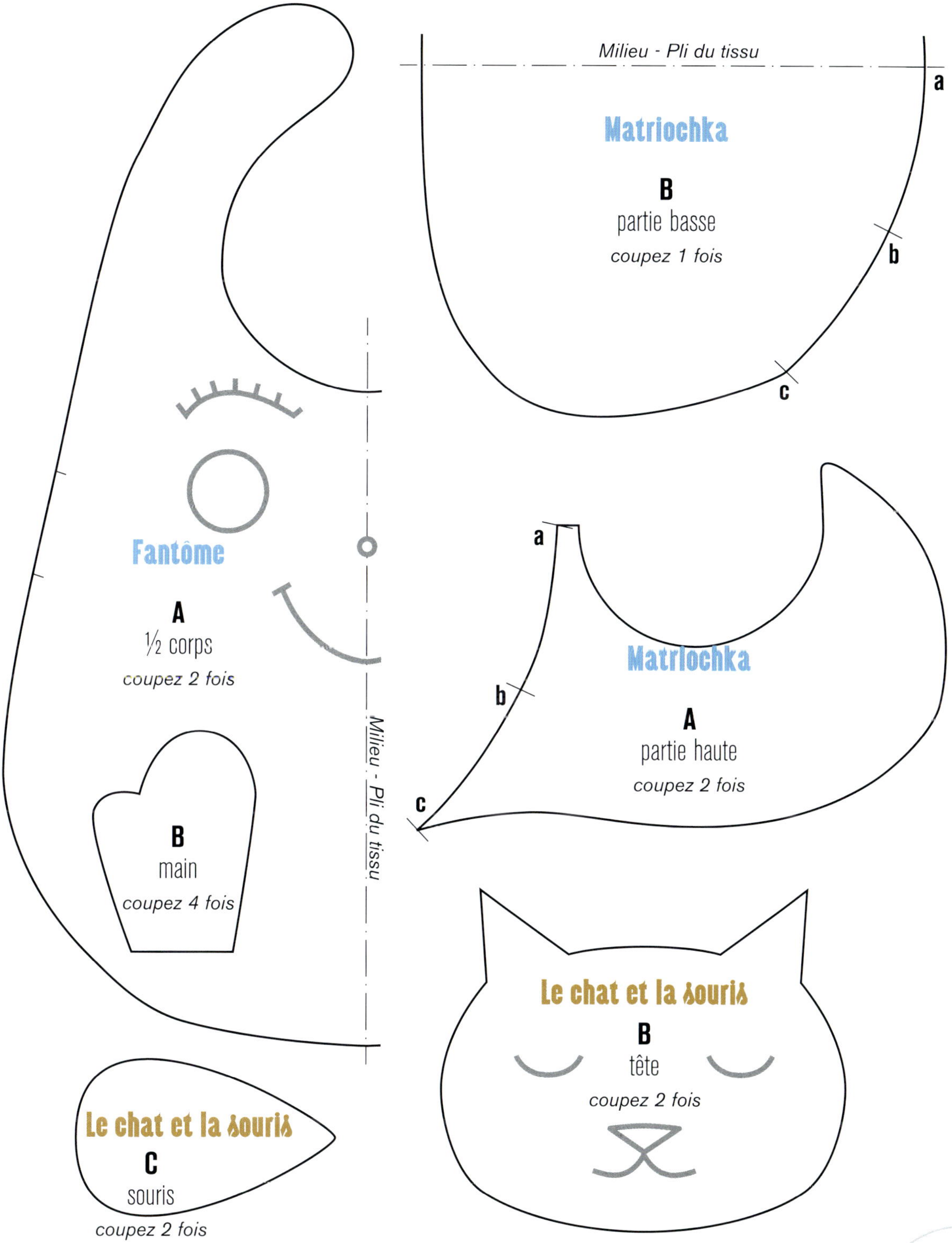
Milieu - Pli du tissu
a
Matriochka
B
partie basse
coupez 1 fois
b
c
Fantôme
A
½ corps
coupez 2 fois
Milieu - Pli du tissu
B
main
coupez 4 fois
a
Matriochka
A
partie haute
coupez 2 fois
b
c
Le chat et la souris
B
tête
coupez 2 fois
Le chat et la souris
C
souris
coupez 2 fois

Marin

Dimensions : L 24 cm - H 30 cm

Fournitures :

20 × 26 cm de coton blanc (devant haut)

26 × 35 cm de coton rayé bleu et blanc (devant bas)

26 × 35 cm de tissu éponge (doublure)

40 cm de biais rouge

80 cm de biais blanc

Fils assortis aux biais

Patrons :

A Corps : 2 fois (1 fois dans le tissu rayé et 1 fois dans le tissu éponge)

B Haut du devant : 1 fois dans le coton blanc

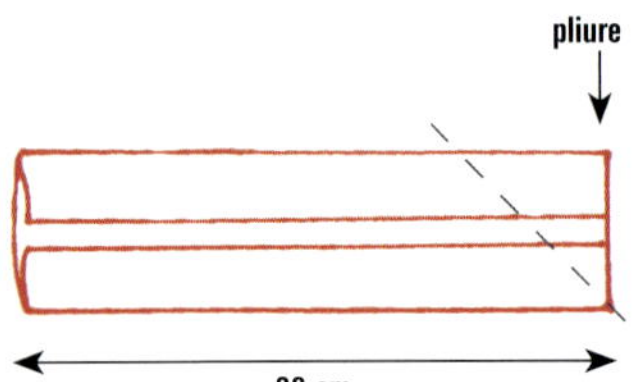

Réalisation

Reportez le patron **A** sur le tissu rayé et le tissu éponge pliés en deux. Reportez le patron **B** sur le coton blanc plié en deux. Découpez en ajoutant 7 mm tout autour pour les coutures et les rentrés sauf au niveau du cou.

Repassez un rentré de 7 mm sur la pointe de la partie blanche. Superposez la partie blanche sur la partie rayée et faites une piqûre à 2 mm du bord de la pointe.

Pliez le biais rouge en deux, endroit contre endroit sur la longueur. Faites une couture à 45 degrés selon le schéma. Ouvrez et repassez la pointe. Appliquez le biais à cheval sur les deux parties du devant du bavoir. Épinglez et piquez avec un fil rouge de part et d'autre du biais à 2 mm des bords.

Assemblez le devant et la doublure du bavoir endroit contre endroit. Piquez à la machine à 7 mm du bord en laissant l'ouverture au niveau du cou. Crantez les arrondis. Surfilez les bords des tissus ensemble au point zigzag pour éviter l'effilochage des tissus.

Retournez l'ouvrage sur l'endroit et repassez.

Posez le biais blanc autour de l'encolure en guise de lien (voir technique en page 5).

Petit homme & Petite dame

Dimensions : L 24 cm - H 30 cm

Fournitures du petit homme :

26 × 35 cm de coton rayé (devant)

25 × 15 cm de coton blanc (col)

10 × 25 cm de coton bleu (cravate)

26 × 35 cm de tissu éponge (doublure)

80 cm de biais ou 2 bandes de tissu rayé de 40 × 4,5 cm

Fournitures de la petite dame :

26 × 35 cm de coton fleuri (devant)

20 × 25 cm de coton blanc (col)

26 × 35 cm de tissu éponge (doublure)

80 cm de biais

Patrons :

A Corps : 1 fois dans le coton rayé ou fleuri et 1 fois dans le tissu éponge

B Col : 2 fois dans le coton blanc

C Cravate : 1 fois dans le coton bleu

D Col Claudine : 4 fois dans le coton blanc

Réalisation du petit homme

Positionnez le patron **A** sur le coton rayé et le tissu éponge pliés en deux. Découpez en ajoutant 7 mm tout autour pour les coutures.

Positionnez le patron **B** sur le coton blanc plié en deux et découpez deux pièces symétriques en ajoutant 7 mm tout autour pour les rentrés et les coutures.

Découpez le patron **C** dans le coton bleu en ajoutant 7 mm tout autour pour les rentrés. Repassez les rentrés de la cravate et des deux pointes du col.

Positionnez la cravate contre le haut du devant du bavoir en la centrant. Épinglez la cravate et faites une piqûre à 2 mm du bord. Épinglez les deux parties du col par-dessus la cravate et cousez à 2 mm du bord.

Coupez le biais en deux morceaux de 40 cm environ. Fermez-les par une piqûre à 2 mm du bord et sur une extrémité (celle qui restera libre). Reportez-vous à la technique de pose des liens de chaque côté de l'encolure en page 6. Prolongez la couture à 7 mm du bord tout autour du bavoir sauf sur quelques centimètres.

Retournez soigneusement et repassez. Fermez l'ouverture par quelques points invisibles.

Réalisation de la petite dame

Découpez le patron **A** dans le coton fleuri et le tissu éponge pliés en deux en ajoutant 7 mm tout autour pour les coutures.

Pliez le coton blanc en deux et découpez deux parties de cols **D** symétriques en ajoutant 7 mm tout autour pour les coutures. Cousez-les endroit contre endroit seulement sur les côtés arrondis. Crantez, retournez et repassez.

Positionnez les deux morceaux de col de part et d'autre du centre du bavoir et contre l'encolure. Épinglez-les pour les coudre à 5 mm du bord de l'encolure et sur les côtés. Finissez le bavoir comme pour **Petit homme**.

Mouton

Dimensions: L 25 cm - H 36 cm

Fournitures :

30 × 40 cm de tissu éponge crème (devant)
30 × 40 cm de coton nid d'abeille (doublure)
40 × 12 cm de coton à pois (oreilles et touffe)
40 × 12 cm de tissu éponge marron clair (doublure oreilles et touffe)
Chute de coton rouge (langue)
Chute de coton marron (yeux)
1 bouton-pression
Fil marron pour les broderies
Film thermocollant ou non-tissé soluble

Patrons :

A Corps : 1 fois dans le coton nid d'abeille et 1 fois dans le tissu éponge
B Oreilles : 2 fois dans le tissu éponge et 2 fois dans le tissu à pois
C Touffe : 1 fois dans le coton à pois et 1 fois dans le tissu éponge marron clair
D Langue : 2 fois dans le coton rouge
E Yeux : 2 fois dans le coton marron

Réalisation

Reportez les patrons sur les tissus et découpez-les en ajoutant 7 mm tout autour pour les coutures sauf pour le patron **E**.

Marquez l'emplacement des yeux et de la bouche sur le tissu éponge du corps.

Cousez la langue à 7 mm du bord sur le côté arrondi seulement, crantez, retournez et repassez.

Brodez le tour des yeux au point de bourdon machine autour de l'appliqué des ronds (voir techniques en pages 6 et 7). Brodez la bouche en prenant la langue dans la couture. Coupez à ras de la broderie le surplus de tissu de la langue.

Cousez endroit contre endroit la touffe (sauf au niveau de l'encolure) et les oreilles (sauf à leur base). Crantez, retournez et repassez.

Fixez la touffe sur le tissu éponge, au centre de l'encolure, avec une couture à 5 mm du bord.

Faites un pli creux au milieu de chaque oreille. Positionnez les oreilles selon les repères du patron, épinglez-les, face avant des oreilles contre la face avant du bavoir, oreilles orientées vers l'intérieur. Cousez-les à 5 mm du bord.

Épinglez les deux faces du corps du bavoir, endroit contre endroit, en laissant les oreilles et la touffe à l'intérieur. Cousez à 7 mm du bord en laissant une ouverture de 3 à 4 cm au bas du bavoir.

Faites éventuellement un point zigzag sur les bords pour éviter que les tissus ne s'effilochent. Crantez les arrondis.

Retournez l'ouvrage sur l'endroit par l'ouverture. Repassez. Fermez l'ouverture par quelques points invisibles cousus à la main.

Ajoutez un bouton-pression sur les pattes de boutonnage (voir technique en page 5).

Patrons de 9 à 18 mois

Tous les patrons sont à échelle ½
Agrandissez à 200 %

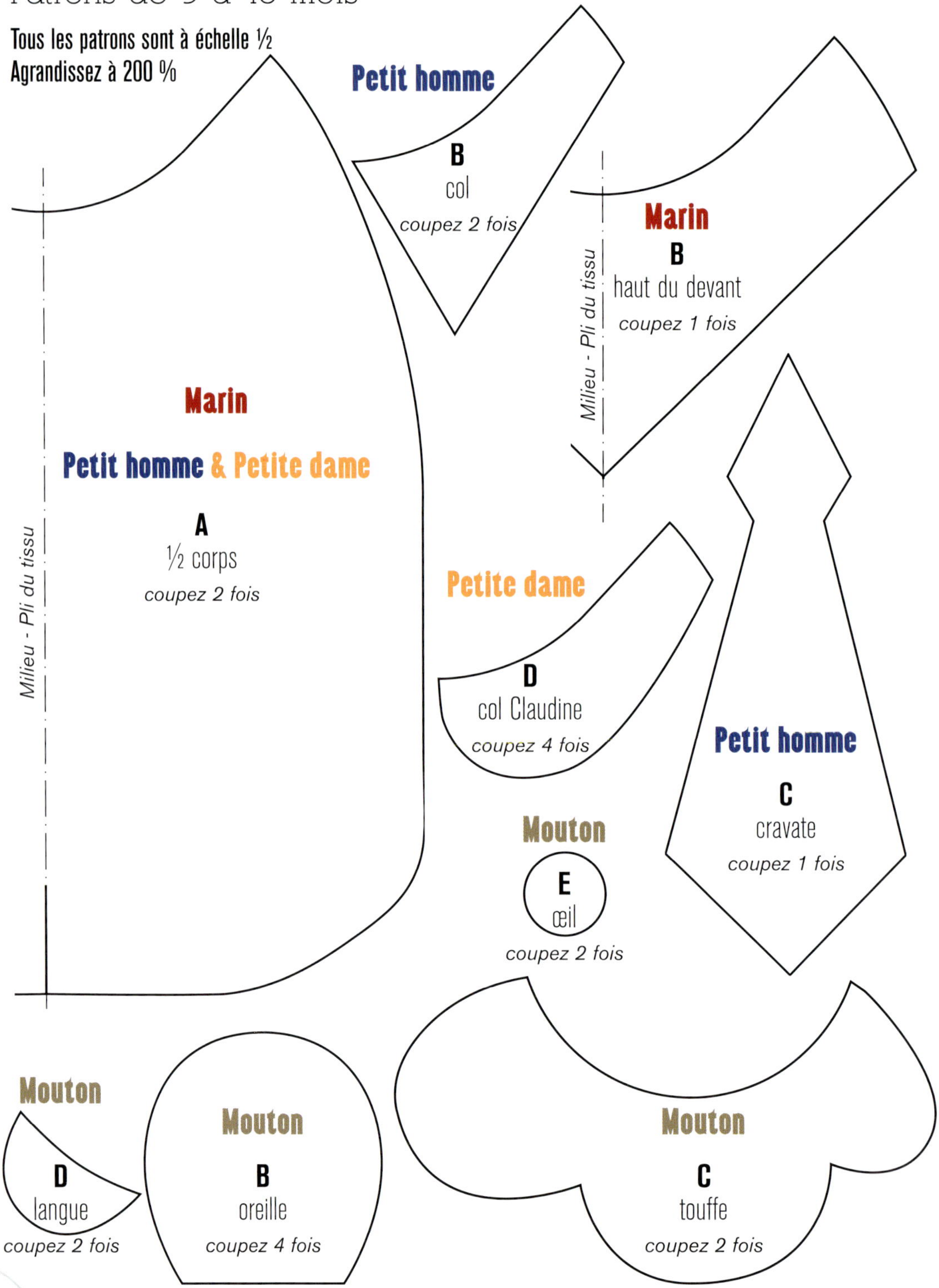

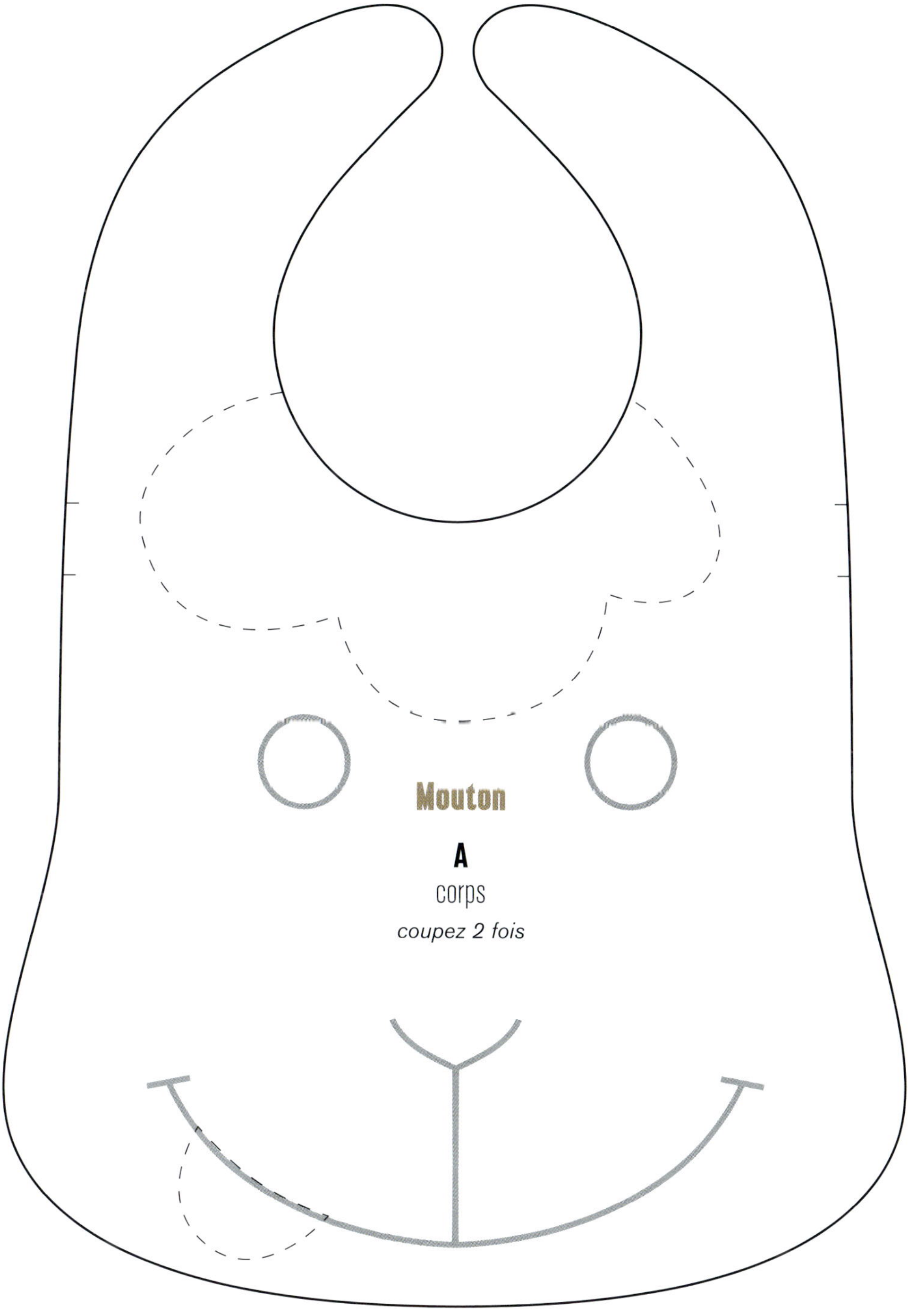
Mouton
A
corps
coupez 2 fois

Fleuri

Dimensions : L 26 cm - H 33 cm

Fournitures :

30 × 40 cm de coton imprimé (devant)
30 × 40 cm de coton fleuri (doublure)
Plusieurs chutes de coton (fleurs)
Fils assortis aux tissus des fleurs et fil vert pour la broderie des tiges et des feuilles
90 cm de biais vert à pois blanc
Film thermocollant ou non-tissé soluble

Patrons :

A Corps : 1 fois dans le coton imprimé et 1 fois dans le coton fleuri
Ronds de tailles variées Fleurs :
2 de Ø 6 cm, 2 de Ø 5 cm, 3 de Ø 4 cm, 2 de Ø 3 cm, 2 de Ø 2 cm
(Ou laissez libre cour à votre imagination en exploitant les motifs des chutes des tissus.)

Réalisation

Reportez le patron **A** et les fleurs sur les tissus. Marquez la position des fleurs sur le devant du bavoir.

Découpez les deux côtés du bavoir en ajoutant 7 mm tout autour pour les coutures. Découpez les ronds à bord vif.

Pour réaliser les fleurs, appliquez sur le devant du bavoir les superpositions de ronds et fixez-les avec un point zigzag tout autour de chacun (voir technique en page 7).

Réalisez les tiges et les feuilles au point zigzag avec un fil vert.

Coupez le biais en deux morceaux de 45 cm. Reportez-vous à la technique de pose de liens de chaque côté de l'encolure en page 6.

Placez le devant et la doublure endroit contre endroit et cousez le tour à 7 mm en laissant une ouverture dans le bas. Crantez les arrondis.

Retournez soigneusement et repassez.

Fermez l'ouverture par quelques points invisibles.

Pomme croquée

Dimensions : L 25 cm - H 41 cm

Fournitures :

30 × 30 cm de coton vert (patte d'attache et feuilles)
30 × 30 cm de coton rouge (bavoir)
30 × 45 cm de tissu éponge (doublure)
Chute de tissu blanc
1 bouton-pression

Patrons :

A Bavoir : 1 fois dans le coton rouge
B Patte d'attache : 1 fois dans le coton vert
C Doublure : 1 fois A + B assemblés dans le tissu éponge
D Feuilles : 2 fois chacune dans le coton vert
E Partie croquée : 2 fois dans le tissu blanc

Réalisation

Reportez les patrons du bavoir, des feuilles et de la partie croquée sur les tissus et découpez-les en ajoutant 7 mm tout autour. Sur la partie haute du bavoir **A**, marquez à la roulette l'emplacement des feuilles et de la partie croquée ainsi que les repères **a** et **b**.

Cousez endroit contre endroit les deux feuilles à 7 mm du bord sauf sur la partie opposée aux pointes. Crantez-les, épointez puis retournez-les sur l'endroit. Cousez endroit contre endroit la partie croquée **E** uniquement sur les vagues. Crantez et retournez sur l'endroit.

Repassez les feuilles et la partie croquée. Positionnez et épinglez les feuilles et la partie croquée sur l'endroit du bavoir puis cousez-les à 5 mm du bord de la pomme.

Assemblez le bavoir et la patte d'attache endroit contre endroit en alignant les repères **a** et **b**. Épinglez, bâtissez puis cousez à 7 mm du bord entre les repères **a** et **b**. Crantez. Repassez pour écraser la couture.

Découpez la doublure dans le tissu éponge en utilisant le devant du bavoir déjà assemblé, comme patron (le côté endroit du bavoir sur le côté endroit de la doublure).

Laissez les deux faces du bavoir ainsi épinglées endroit contre endroit, les feuilles et la partie croquée restant à l'intérieur. Piquez à la machine tout autour à 7 mm du bord en laissant une ouverture de 3 à 4 cm au bas. Crantez les arrondis. Faites éventuellement un point zigzag sur les bords pour éviter que les tissus ne s'effilochent.

Retournez l'ouvrage sur l'endroit par l'ouverture. Repassez. Fermez l'ouverture par quelques points invisibles.

Ajoutez un bouton-pression… ou plusieurs, pour un bavoir évolutif (voir technique en page 5).

Cape de mousquetaire

Dimensions : L 30 cm - H 48 cm

Fournitures :

50 cm de jersey de velours rouge
en 140 de largeur
230 cm de biais jaune
Fil assorti au jersey
Coton à broder assorti au biais

Patron :

A Corps : 1 fois dans le velours rouge

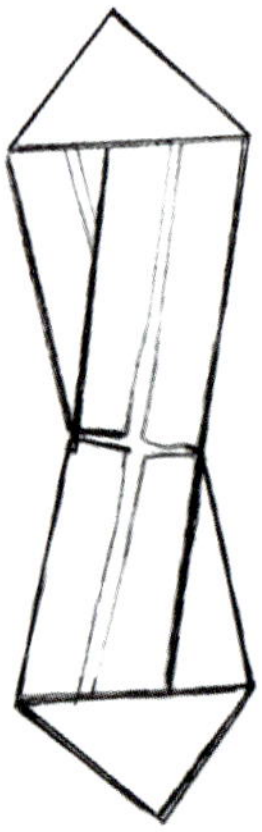

dos du pliage

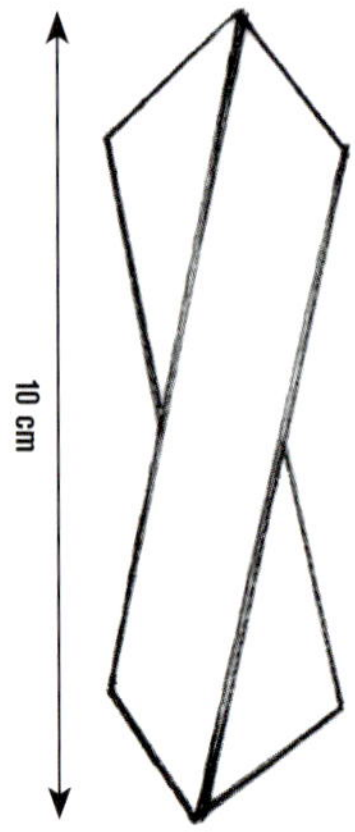

avant du pliage

Réalisation

Reportez le patron sur le tissu et découpez le bavoir à bord vif. Essayez le bavoir pour adapter au besoin le diamètre du trou au tour de tête de l'enfant et à l'élasticité du tissu.

Pour le col, découpez un rectangle de 9 cm de hauteur dans le velours rouge. La hauteur du rectangle est découpée dans la hauteur (ou trame) du tissu, qui est le sens le moins extensible du jersey. Adaptez la largeur de la bande du col au périmètre du trou en ajoutant un centimètre pour la couture.

Si le tissu choisi n'est pas assez élastique, utilisez pour le col une bande de côte jersey de couleur assortie qui se trouve en mercerie.

Pliez ce rectangle en deux, endroit contre endroit pour former le col rond et fermez-le par une couture à 5 mm du bord. Faites un point zigzag serré ou un rouleauté à la surjeteuse en bordure de tissu en parallèle de cette couture.

Pour l'encolure, épinglez bord à bord l'endroit du col contre l'endroit du bavoir. Cousez-la avec un point zigzag serré ou à la surjeteuse. Faites également un point zigzag sur le bord libre du col.

Épinglez le biais autour du bavoir, endroit du biais contre endroit du bavoir. Piquez-le sur la pliure du biais. Repliez le biais à l'arrière tout en l'épinglant puis cousez-le à la main avec des points discrets (ou faites une piqûre à la machine à 2 mm du bord).

La croix est réalisée avec deux fois 25 cm de biais. Faites deux pliages identiques selon le schéma. Puis superposez-les en les croisant en leur centre.

Épinglez et bâtissez avant de coudre à petits points tout autour de la croix ainsi formée.

Pique-nique

Dimensions : L 25 cm - H 42 cm

Fournitures :

30 × 45 cm de coton à pois (devant)
30 × 45 cm de coton rose à motifs (doublure)
30 × 45 cm de tissu matelassé ou ouatine
30 × 30 cm de coton à motifs d'arcs (cheveux)
Chute de tissu blanc ou quelques centimètres de croquet blanc large (dents)
Chute de tissu foncé (yeux)
220 cm de biais ou 2 bandes de 6 × 40 cm (les liens du cou),
4 bandes de 5,5 × 30 cm (les liens des côtés),
2 bandes de 3 × 10 cm (les boucles d'attaches)
Fil à broder assorti au tissu des yeux
Film thermocollant ou non-tissé soluble

Patrons :

A Corps : 3 fois (1 fois dans le coton à pois, 1 fois dans le coton rose et 1 fois dans le tissu matelassé)
B Cheveux : 2 fois dans le coton à motifs d'arcs
C Dents : 4 fois dans le tissu blanc (ou un morceau de croquet)
D Yeux : 2 fois dans le tissu foncé

Réalisation

Reportez les patrons du bavoir, des yeux et des cheveux sur les tissus pliés en deux et découpez-les en ajoutant 7 mm tout autour (sauf pour les yeux). Décalquez ou marquez les broderies sur le tissu à pois.

Réalisez les liens en pliant les bandes en deux dans le sens de la longueur, endroit contre endroit. Cousez-les à 5 mm du bord sur la longueur et sur une des extrémités. Épointez et retournez sur l'endroit. Repassez.

Si vous utilisez du biais, coupez les longueurs suivantes : 2 × 40 cm, 4 × 30 cm et 2 × 10 cm.

Appliquez les yeux et réalisez les broderies avec six brins de fils, au point de feston avec le fil foncé pour les yeux et au point de tige pour les sourcils (voir techniques en pages 6 et 7).

Cousez les dents sur deux côtés, épointez, retournez et repassez, sinon coupez le croquet sur une longueur de quatre dents.

Cousez les deux faces des cheveux endroit contre endroit sur le côté ondulé. Crantez, retournez, repassez.

Positionnez et épinglez les dents orientées vers l'intérieur (pièces cousues ou morceau de croquet replié sur les deux côtés pour éviter l'effilochage) au bas du bavoir et les cheveux sur la face avant du haut du bavoir puis cousez-les à 5 mm du bord.

Positionnez les liens, orientés vers l'intérieur. Cousez-les à 5 mm du bord. Faites de même pour les liens du cou et les boucles de chaque côté.

Assemblez le matelassage contre l'envers de la doublure du bavoir (tissu rose) en faisant un zigzag large tout autour du bord.

Placez le devant du bavoir contre la doublure matelassée, endroit contre endroit, épinglez tout autour en laissant les bandes, les boucles et les dents à l'intérieur. Piquez à 7 mm tout autour en laissant une ouverture de 5 cm sur un côté du bavoir pour pouvoir retourner l'ouvrage.

Retournez soigneusement, repassez et fermez l'ouverture par quelques points.

C'est un bavoir multifonctions. Il est matelassé pour transporter le biberon et le garder au chaud. Le bas du bavoir se replie, la poche ainsi formée ménage un rangement pour le biberon, le petit pot et la cuiller. Les liens assurent la fermeture.

Bavoirs à manches

Dimensions: L 58 cm - H 31 cm

Fournitures :

50 × 70 cm de coton ou coton enduit
80 cm de biais ou 6 × 80 cm de tissu assorti
240 cm de biais (version bordée)

Patron :

A Corps : 1 fois dans le tissu

Réalisation

Reportez le patron sur le tissu plié en deux et découpez à bord vif.

Version sans bordure

Si vous avez une surjeteuse, faites un rouleauté tout autour de la pièce découpée sinon réalisez un point zigzag très serré.

Faites la couture sous les bras en superposant les pointillés du patron.

Posez le biais autour du cou : il fera office de lien (voir technique en page 5).

Avec du coton enduit, c'est encore plus simple, il n'est même pas nécessaire de faire une finition car il n'y a pas de risque d'effilochage.

Version bordée de biais

Faites la couture sous les bras en superposant les pointillés du patron puis un point zigzag en bordure des tissus face à cette couture pour éviter l'effilochage.

Appliquez le biais au bout de chaque manche puis tout autour du bavoir sauf autour du cou.

Posez le biais autour du cou : il fera office de lien (voir technique en page 5).

Les manches peuvent être allongées pour adapter le bavoir en fonction des saisons ou de l'âge de bébé.

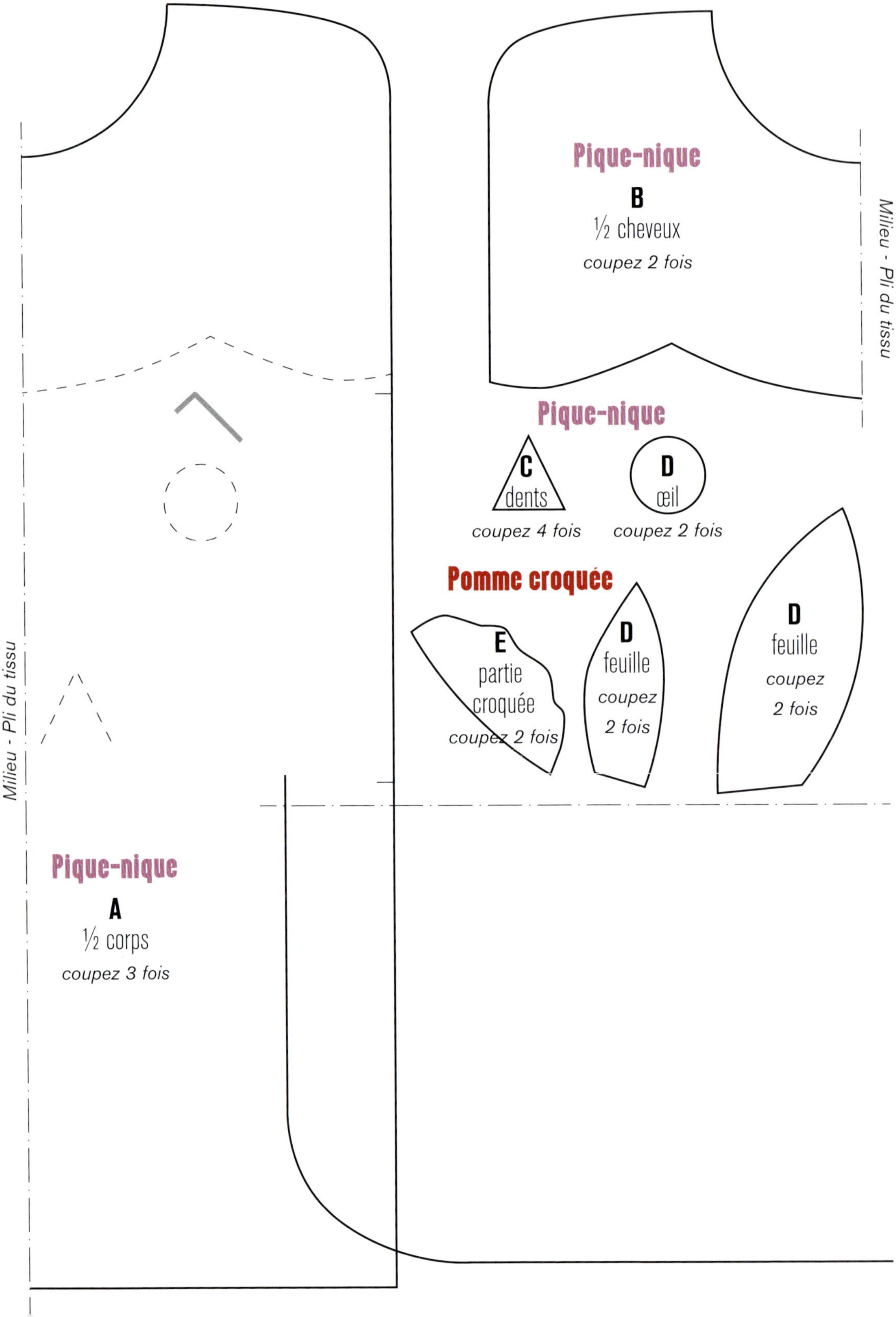
Pique-nique
B
½ cheveux
coupez 2 fois
Milieu - Pli du tissu
Pique-nique
C
dents
coupez 4 fois
D
œil
coupez 2 fois
Pomme croquée
E
partie
croquée
coupez 2 fois
D
feuille
coupez
2 fois
D
feuille
coupez
2 fois
Milieu - Pli du tissu
Pique-nique
A
½ corps
coupez 3 fois

Pomme croquée

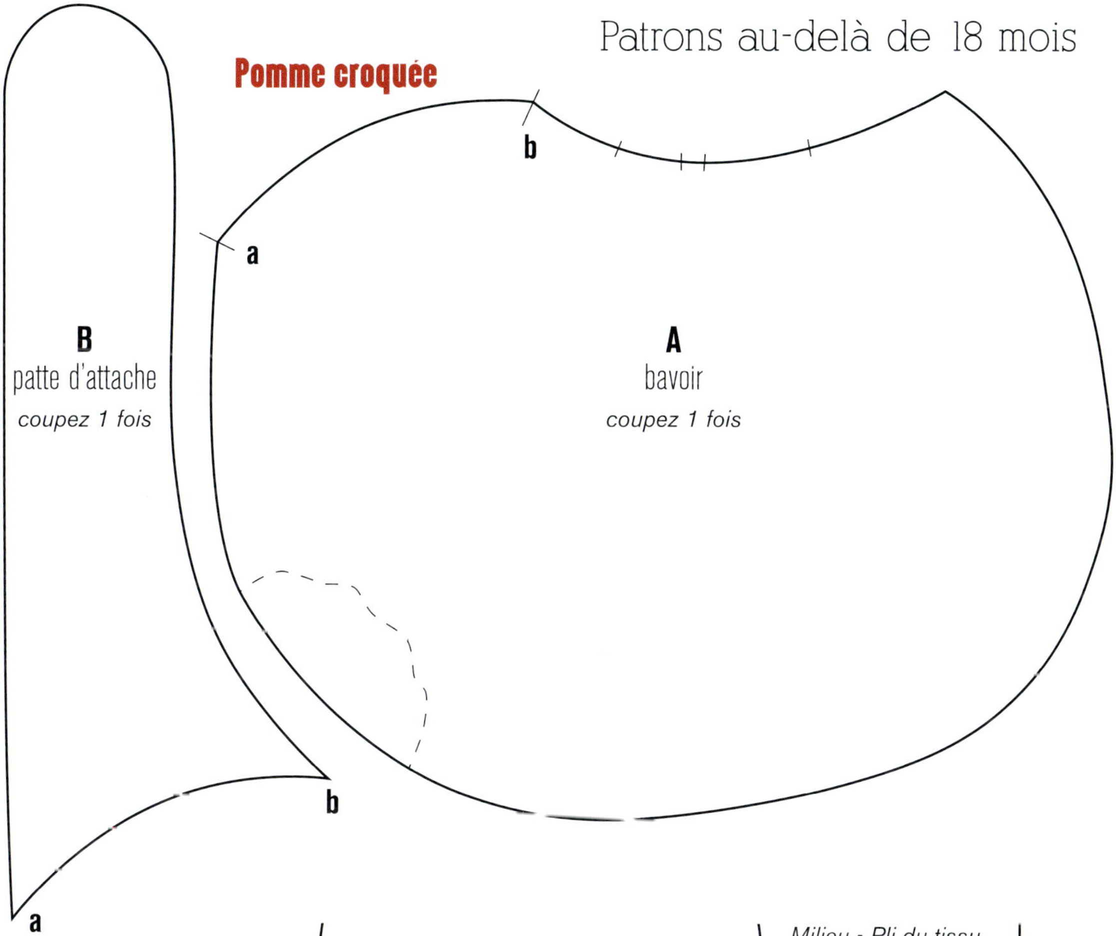

Cape de mousquetaire

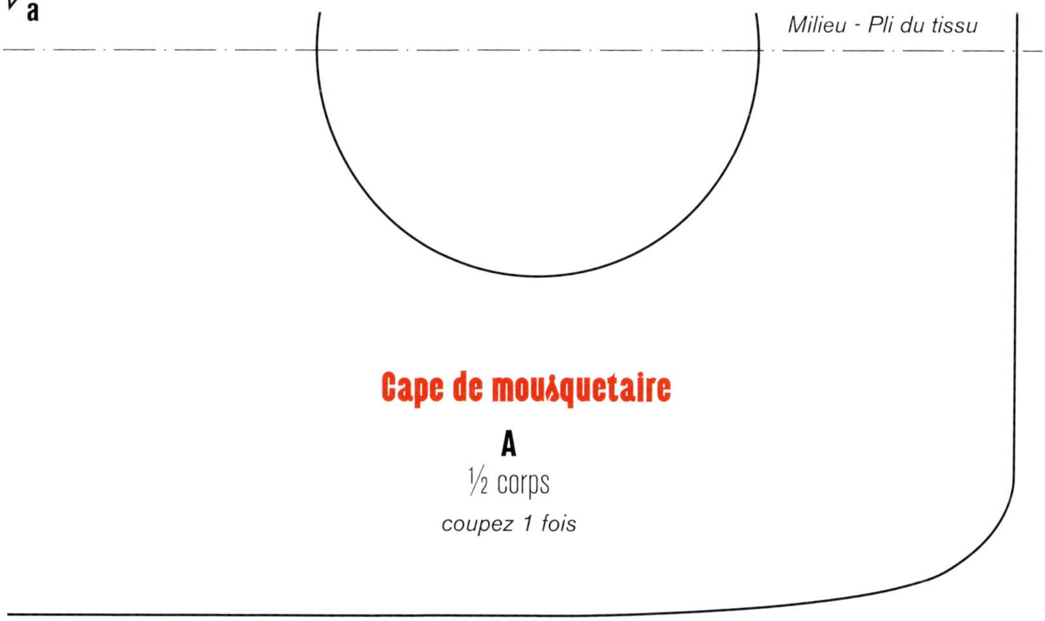

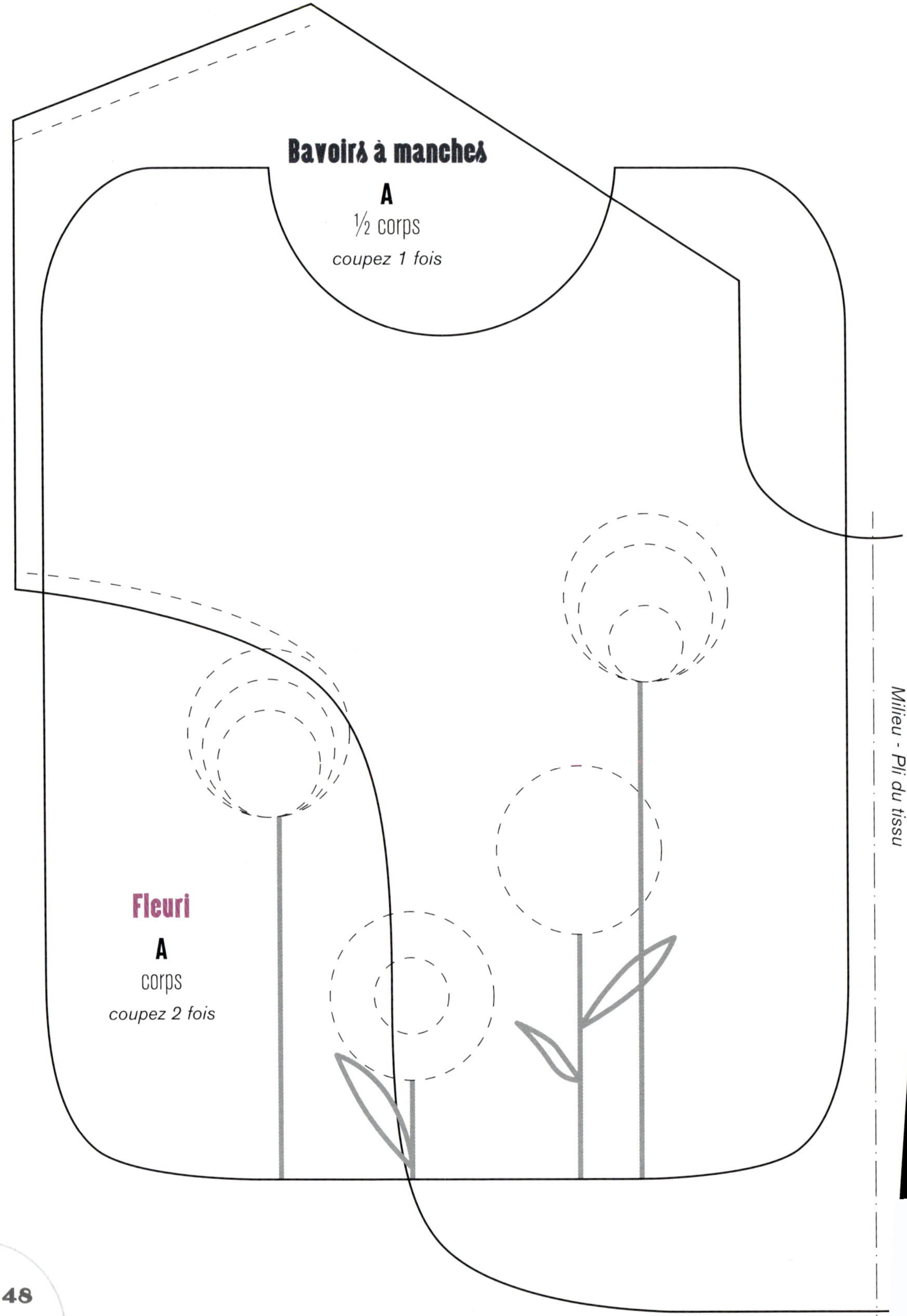
Bavoirs à manches
A
½ corps
coupez 1 fois
Fleuri
A
corps
coupez 2 fois
Milieu - Pli du tissu